Impressum
Verlag: BABADADA GmbH, Nedderfeld 112 , 22529 Hamburg
Geschäftsführer / Verlagsleitung: Harald Hof
Druck: Books on Demand GmbH, In de Tarpen 42, 22848 Norderstedt

Imprint
Publisher: BABADADA GmbH, Nedderfeld 112 , 22529 Hamburg, Germany
Managing Director / Publishing direction: Harald Hof
Print: Books on Demand GmbH, In de Tarpen 42, 22848 Norderstedt

de school

l'école

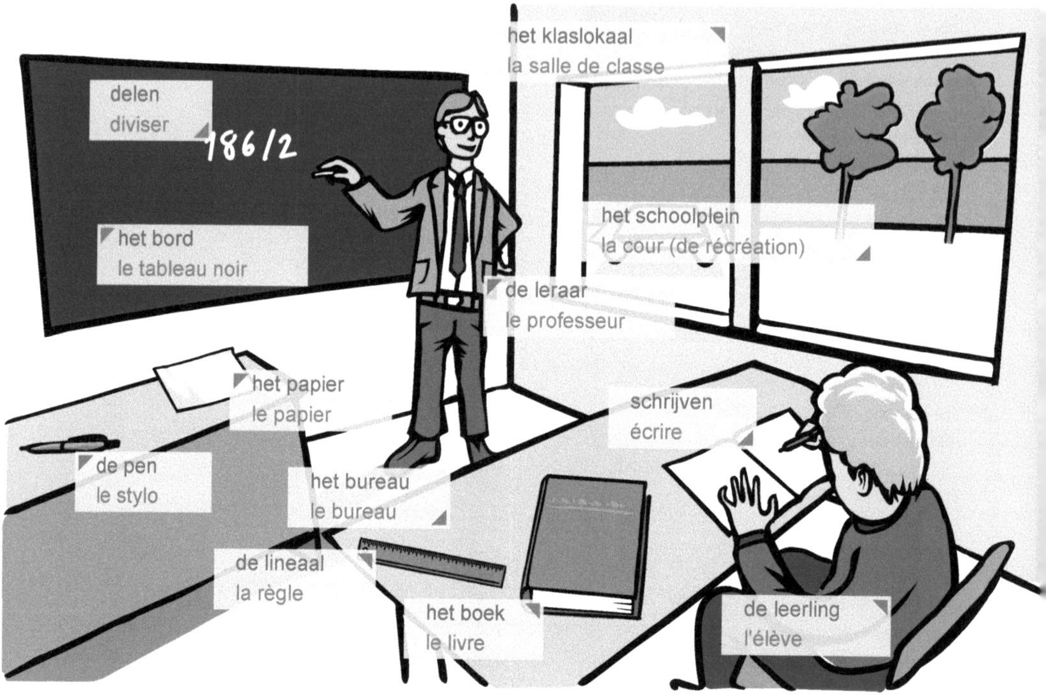
het klaslokaal
la salle de classe
delen
diviser
186/2
het bord
le tableau noir
het schoolplein
la cour (de récréation)
de leraar
le professeur
het papier
le papier
schrijven
écrire
de pen
le stylo
het bureau
le bureau
de lineaal
la règle
het boek
le livre
de leerling
l'élève

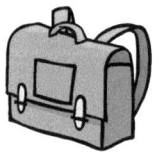

de schooltas

le cartable

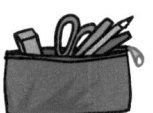

de etui

la trousse

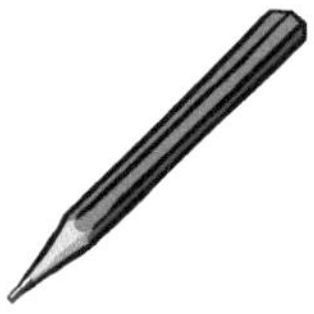

het potlood

le crayon

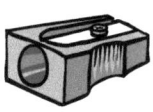

de puntenslijper

le taille-crayon

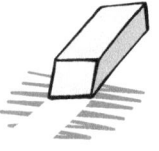

de gum

la gomme

het schetsblok

le carnet à dessin

de tekening

le dessin

het penseel

le pinceau

de verfdoos

la boîte de peinture

de schaar

les ciseaux

de lijm

la colle

het schrift

le cahier d'exercices

het huiswerk

les devoirs

het getal

le chiffre

optellen

additionner

aftrekken

soustraire

vermenigvuldigen

multiplier

rekenen

calculer

de letter

la lettre

het alfabet

l'alphabet

het woord

le mot

de tekst

le texte

lezen

lire

het krijt

la craie

de les

la leçon

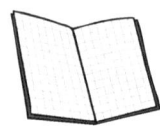

het klassenboek

le livre de classe

het examen

l'examen

het diploma

le certificat

het schooluniform

l'uniforme scolaire

de opleiding

la formation

de encyclopedie

le lexique

de universiteit

l'université

de microscoop

le microscope

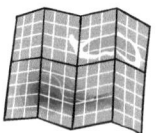

de kaart

la carte

de prullenmand

la corbeille à papier

de reis
le voyage

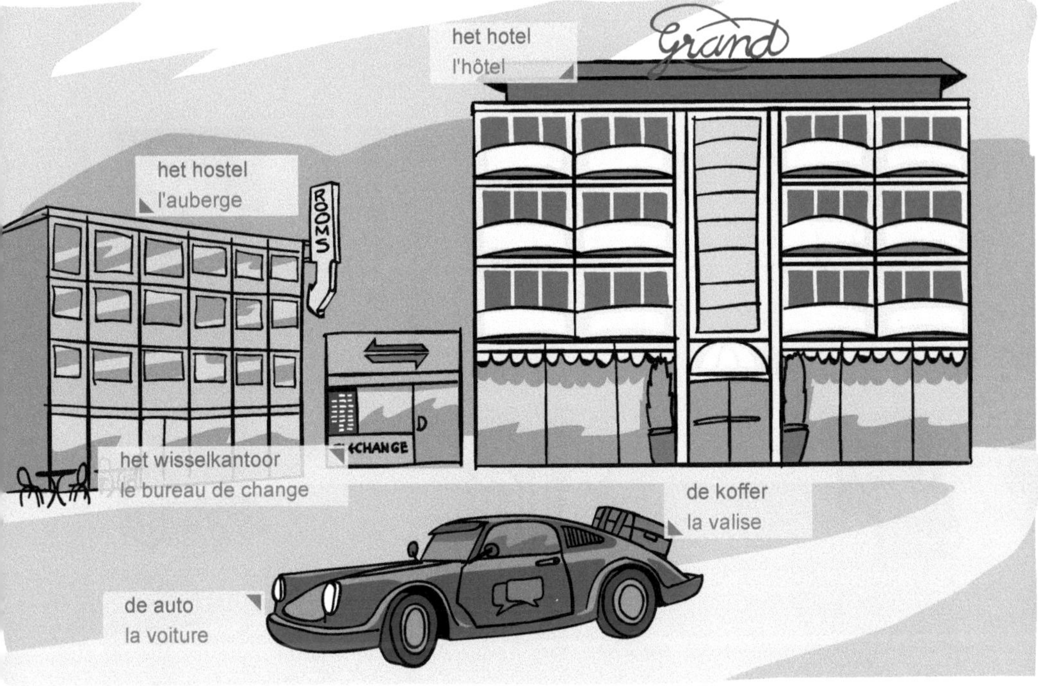
het hotel
l'hôtel
Grand
het hostel
l'auberge
ROOMS
het wisselkantoor
le bureau de change
CHANGE
de koffer
la valise
de auto
la voiture

de taal

la langue

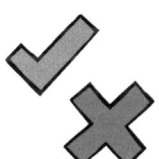

ja / nee

oui / non

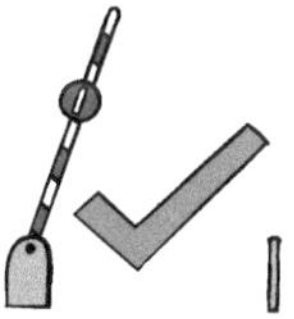

oké

d'accord

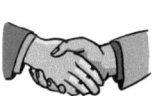

Hallo!

Salut

de tolk

l'interprète

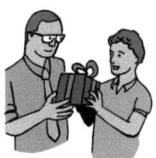

Bedankt.

merci

Wat kost ...?

Combien coûte...?

Ik begrijp het niet.

Je ne comprends pas

het probleem

le problème

Goedenavond!

Bonsoir !

Goedemorgen!

Bonjour !

Goedenacht!

Bonne nuit !

Tot ziens!

Au revoir

de richting

la direction

de bagage

les bagages

de tas

le sac

de rugzak

le sac-à-dos

de gast

l'hôte

de kamer

la pièce

de slaapzak

le sac de couchage

de tent

la tente

de reis - le voyage

het VVV-kantoor

l'office de tourisme

het strand

la plage

de creditkaart

la carte de crédit

het ontbijt

le petit-déjeuner

de lunch

le déjeuner

het diner

le dîner

het kaartje

le billet

de lift

l'ascenseur

de postzegel

le timbre

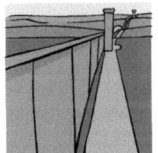

de grens

la frontière

de douane

la douane

de ambassade

l'ambassade

het visum

le visa

het paspoort

le passeport

de reis - le voyage

het transport
le transport

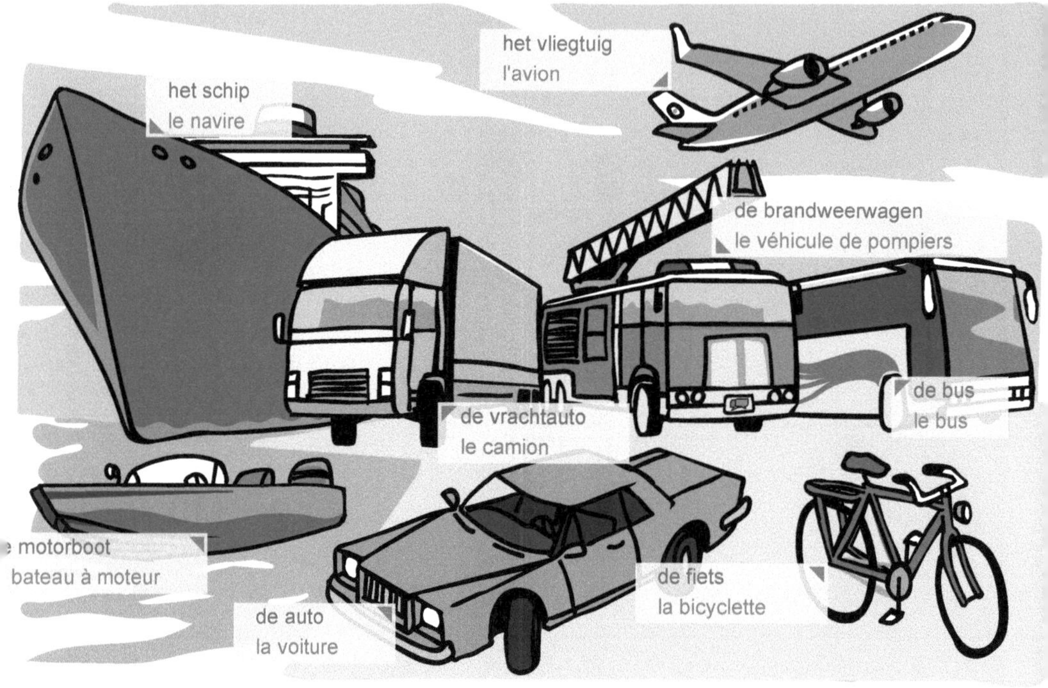
het vliegtuig
l'avion
het schip
le navire
de brandweerwagen
le véhicule de pompiers
de bus
le bus
de vrachtauto
le camion
motorboot
bateau à moteur
de fiets
la bicyclette
de auto
la voiture

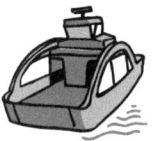

de veerboot

le ferry

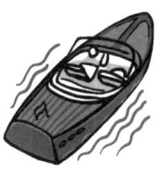

de boot

la barque

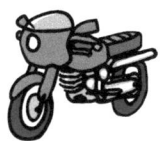

de motorfiets

la moto

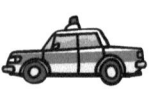

de politiewagen

la voiture de police

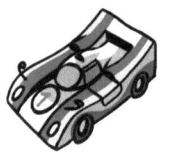

de raceauto

la voiture de course

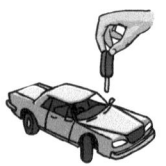

de huurauto

la voiture de location

de carsharing

l'auto-partage

de takelwagen

la voiture de remorquage

de vuilniswagen

la benne à ordures

de motor

le moteur

de benzine

l'essence

de benzinepomp

la station d'essence

het verkeersbord

le panneau indicateur

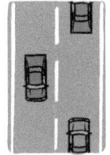

het verkeer

le trafic

de file

l'embouteillage

de parkeerplaats

le parking

het station

la gare

de rails

les rails

de trein

le train

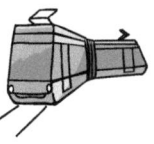

de tram

le tramway

de wagon

le wagon

de helikopter

l'hélicoptère

de luchthaven

l'aéroport

de toren

la tour

de passagier

le passager

de container

le conteneur

de verhuisdoos

le carton

de kar

le chariot

de mand

la corbeille

opstijgen / landen

décoller / atterrir

de stad

la ville

het dorp

le village

het stadscentrum

le centre-ville

het huis

la maison

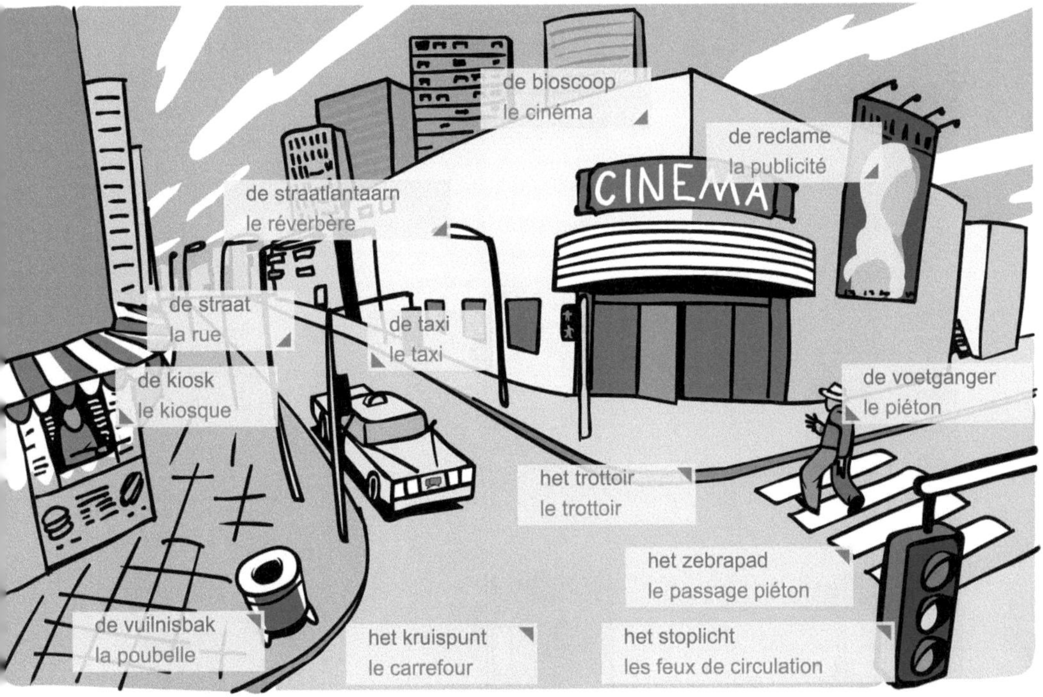

de bioscoop
le cinéma

de reclame
la publicité

de straatlantaarn
le réverbère

CINEMA

de straat
la rue

de taxi
le taxi

de kiosk
le kiosque

de voetganger
le piéton

het trottoir
le trottoir

het zebrapad
le passage piéton

de vuilnisbak
la poubelle

het kruispunt
le carrefour

het stoplicht
les feux de circulation

de hut
....
la cabane

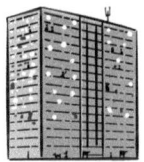

het appartement
....
l'appartement

het station
....
la gare

het stadhuis
....
la mairie

het museum
....
le musée

de school
....
l'école

de universiteit

l'université

de bank

la banque

het ziekenhuis

l'hôpital

het hotel

l'hôtel

de apotheek

la pharmacie

het kantoor

le bureau

de boekenwinkel

la librairie

de winkel

le magasin

de bloemenwinkel

le fleuriste

de supermarkt

le supermarché

de markt

le marché

het warenhuis

le grand magasin

de visboer

la poissonnerie

het winkelcentrum

le centre commercial

de haven

le port

de stad - la ville

het park
le parc

de bank
la banque

de brug
le pont

de trap
les escaliers

de metro
le métro

de tunnel
le tunnel

de bushalte
l'arrêt de bus

de bar
le bar

het restaurant
le restaurant

de brievenbus
la boîte à lettres

het straatnaambord
le panneau indicateur

de parkeermeter
le parcmètre

de dierentuin
le zoo

het zwembad
le réverbère

de moskee
la mosquée

de boerderij

la ferme

de vervuiling

la pollution

de begraafplaats

la cimetière

de kerk

l'église

de speelplaats

l'aire de jeux

de tempel

le temple

het landschap
le paysage

het blad
la feuille

de wegwijzer
le panneau indicateur

de weg
le chemin

de weide
le pré

de steen
la pierre

de wandelaar
le randonneur

de boom
l'arbre

de rivier
la rivière

het gras
l'herbe

de bloem
la fleur

de vallei

la vallée

de berg

la montagne

het meer

le lac

het bos

la forêt

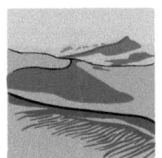

de woestijn

le désert

de vulkaan

le volcan

het kasteel

le château

de regenboog

l'arc-en-ciel

de paddenstoel

le champignon

de palmboom

le palmier

de mug

le moustique

de vlieg

la mouche

de mier

les fourmis

de bij

l'abeille

de spin

l'araignée

de kever

le coléoptère

de kikker

la grenouille

de eekhoorn

l'écureuil

de egel

le hérisson

de haas

le lièvre

de uil

la chouette

de vogel

l'oiseau

de zwaan

le cygne

het wild zwijn

le sanglier

het hert

le cerf

de eland

l'élan

de stuwdam

le barrage

de windmolen

l'éolienne

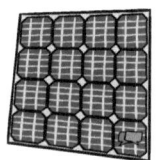

het zonnepaneel

le panneau solaire

het klimaat

le climat

het restaurant
le restaurant

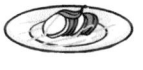

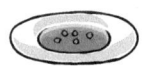

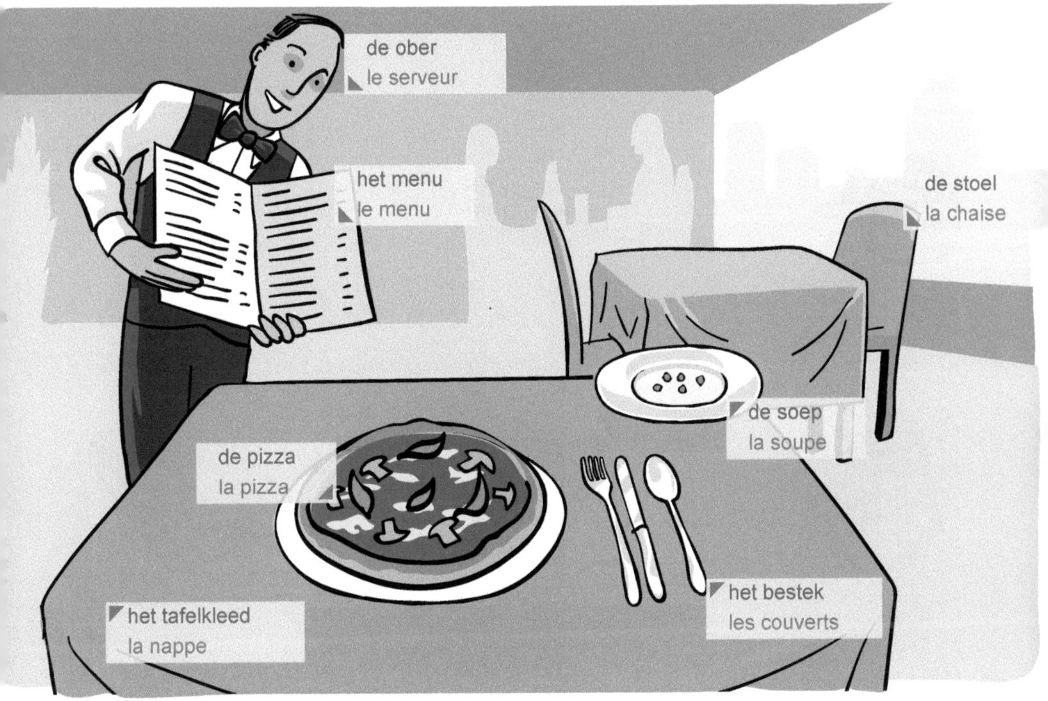

de ober
le serveur
het menu
le menu
de stoel
la chaise
de soep
la soupe
de pizza
la pizza
het tafelkleed
la nappe
het bestek
les couverts

het voorgerecht
....
les hors d'œuvre

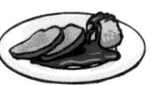

het hoofdgerecht
....
le plat principal

het toetje
....
le dessert

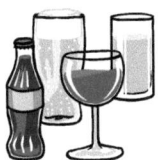

de dranken
....
les boissons

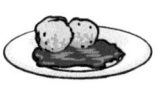

het eten
....
l'alimentation

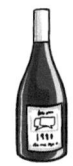

de fles
....
la bouteille

de/het fastfood
le fast-food

het eetkraampje
les plats à emporter

de theepot
la théière

de suikerpot
le sucrier

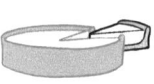

de portie
la portion

de espressomachine
la machine à expresso

de kinderstoel
la chaise haute

de rekening
la facture

het dienblad
le plateau

het mes
le couteau

de vork
la fourchette

de lepel
la cuillère

de theelepel
la cuillère à thé

het servet
la serviette

het glas
le verre

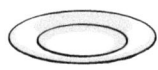

het bord

l'assiette

het soepbord

l'assiette à soupe

de schotel

la soucoupe

de saus

la sauce

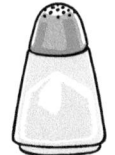

het zoutvaatje

la salière

de pepermolen

le moulin à poivre

de azijn

le vinaigre

de olie

l'huile

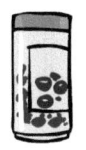

de kruiden

les épices

de ketchup

le ketchup

de mosterd

la moutarde

de mayonaise

la mayonnaise

de supermarkt
le supermarché

de aanbieding
l'offre promotionnelle
FOR
de klant
le client
de zuivelproducten
les produits laitiers
het fruit
les fruits
de winkelwagen
le chariot

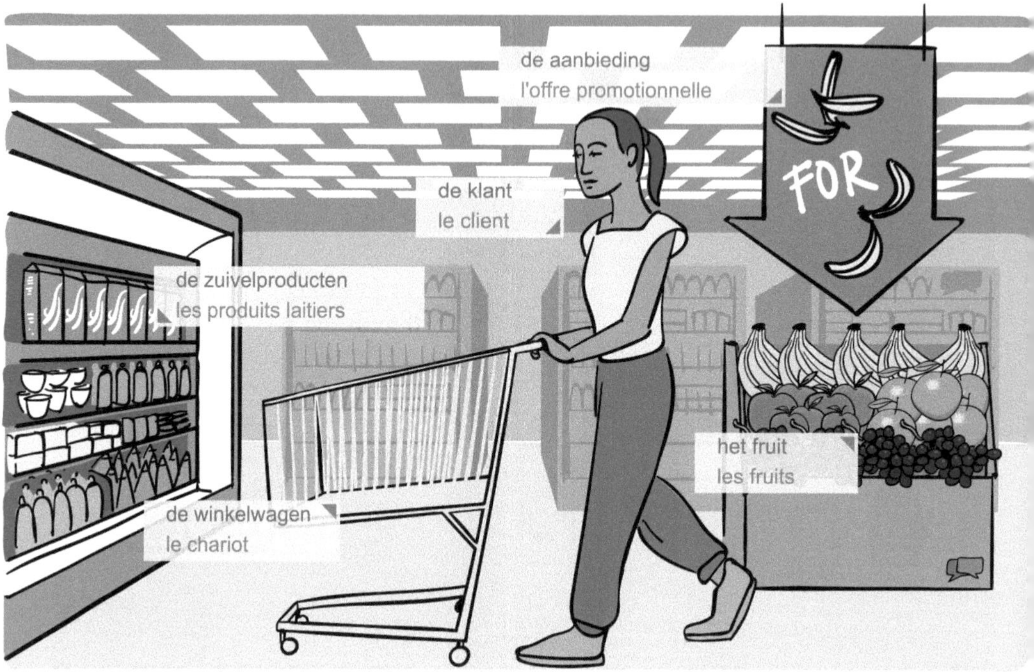

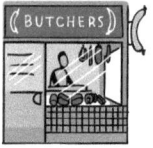

BUTCHERS
de slager
la boucherie

BAKERY
de bakkerij
la boulangerie

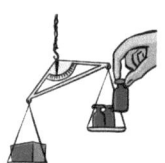

wegen
peser

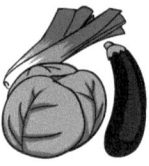

de groente
les légumes

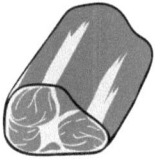

het vlees
la viande

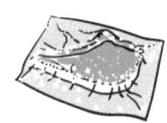

de diepvriesproducten
les aliments surgelés

de vleeswaren

la charcuterie

de conserven

les conserves

het wasmiddel

la poudre à lessive

het snoepgoed

les bonbons

de huishoudelijke artikelen

les articles ménagers

het schoonmaakmiddel

les détergents

de verkoopster

la vendeuse

de kassa

la caisse

de kassier

le caissier

het boodschappenlijstje

la liste d'achats

de openingstijden

les heures d'ouverture

de portefeuille

le portefeuille

de creditkaart

la carte de crédit

de tas

le sac

de plastic zak

le sac en plastique

de supermarkt - le supermarché

het water

l'eau

het sap

le jus de fruit

de melk

le lait

de cola

le coca

de wijn

le vin

het bier

la bière

de alcohol

l'alcool

de chocolademelk

le chocolat chaud

de thee

le thé

de koffie

le café

de espresso

l'expresso

de cappuccino

le cappuccino

de banaan

la banane

de appel

la pomme

de sinaasappel

l'orange

de watermeloen

le melon

de citroen

le citron.

de wortel

la carotte

de knoflook

l'ail

de bamboe

le bambou

de ui

l'oignon

de paddenstoel

le champignon

de noten

les noisettes

de pasta

les pâtes

de spaghetti

les spaghetti

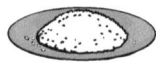

de rijst

le riz

de salade

la salade

de friet

les pommes frites

de gebakken aardappelen

les pommes de terre rôties

de pizza

la pizza

de hamburger

le hamburger

de sandwich

le sandwich

de schnitzel

l'escalope

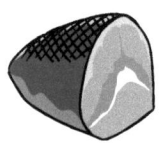

de ham

le jambon

de salami

le salami

de worst

la saucisse

de kip

le poulet

het gebraad

le rôti

de vis

le poisson

de havermout

les flocons d'avoine

de muesli

le muesli

de cornflakes

les cornflakes

het meel

la farine

de croissant

le croissant

de broodjes

les petits-pains

het brood

le pain

de toast

le pain grillé

de koekjes

les biscuits

de boter

le beurre

de kwark

le fromage blanc

de taart

le gâteau

het ei

l'œuf

het gebakken ei

l'œuf au plat

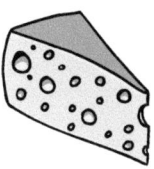

de kaas

le fromage

het ijs

la glace

de suiker

le sucre

de honing

le miel

de jam

la confiture

de chocoladepasta

la crème nougat

de kerrie

le curry

de boerderij
la ferme

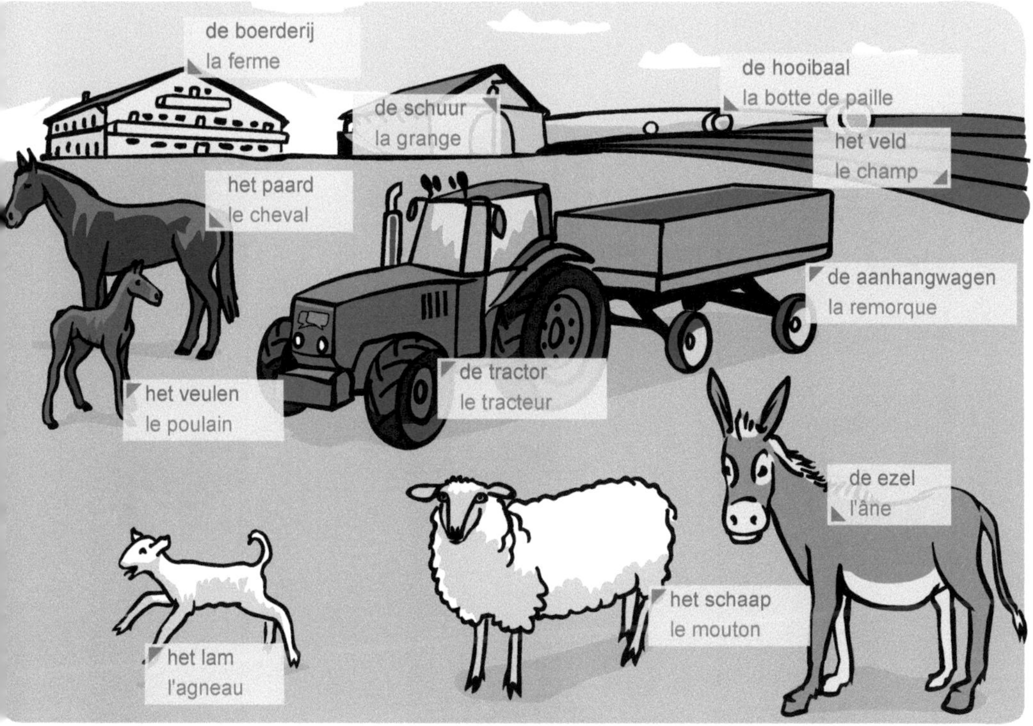
de boerderij
la ferme
de schuur
la grange
de hooibaal
la botte de paille
het veld
le champ
het paard
le cheval
de tractor
le tracteur
de aanhangwagen
la remorque
het veulen
le poulain
de ezel
l'âne
het schaap
le mouton
het lam
l'agneau

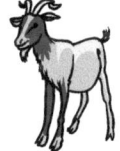

de geit
la chèvre

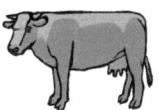

de koe
la vache

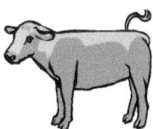

het kalf
le veau

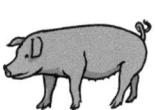

het varken
le porc

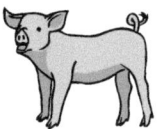

de big
le porcelet

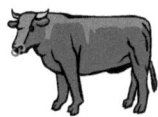

de stier
le taureau

de gans

l'oie

de eend

le canard

het kuiken

le poussin

de kip

la poule

de haan

le coq

de rat

le rat

de kat

le chat

de muis

la souris

de os

le bœuf

de hond

le chien

het hondenhok

le chenil

de tuinslang

le tuyau de jardin

de gieter

l'arrosoir

de zeis

la faucheuse

de ploeg

la charrue

de sikkel

la faucille

de schoffel

la pioche

de hooivork

la fourche

de bijl

la hache

de kruiwagen

la brouette

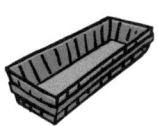

de trog

la cuve

de melkbus

le pot à lait

de zak

le sac

het hek

la clôture

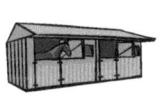

de stal

l'étable

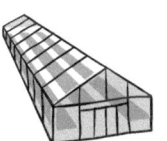

de broeikas

le serre

de grond

le sol

het zaad

les semences

de mest

l'engrais

de maaidorser

la moissonneuse-batteuse

oogsten
récolter

de oogst
la récolte

de yam
l'igname

de tarwe
le blé

de soja
le soja

de aardappel
la pomme de terre

de maïs
le maïs

het koolzaad
le colza

de fruitboom
l'arbre fruitier

de maniok
le manioc

de granen
les céréales

het huis
la maison

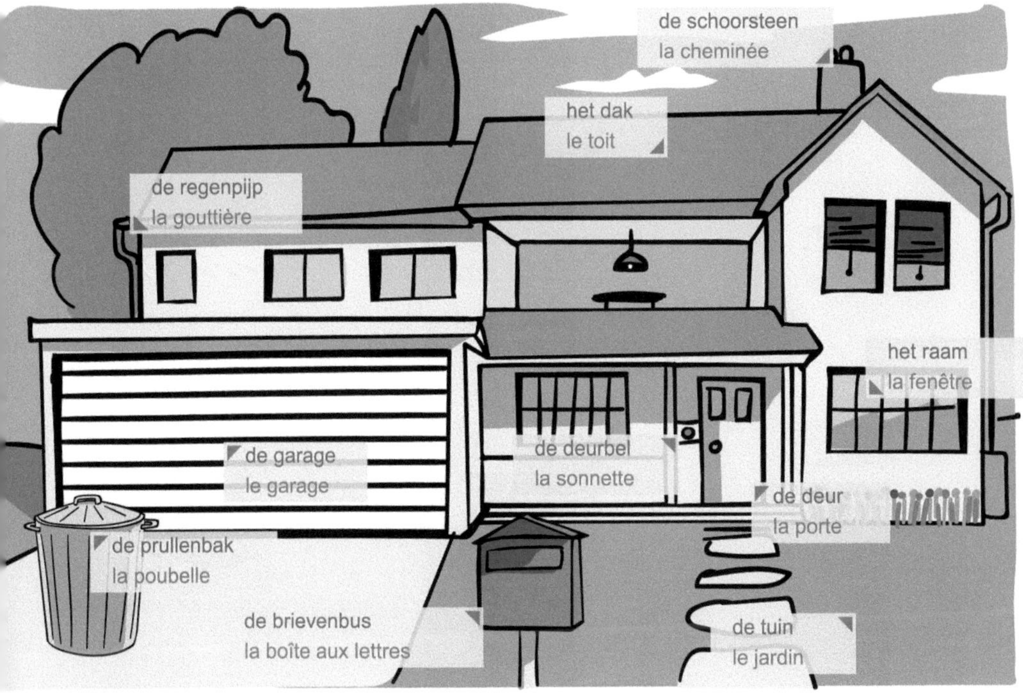
de schoorsteen
la cheminée
het dak
le toit
de regenpijp
la gouttière
het raam
la fenêtre
de garage
le garage
de deurbel
la sonnette
de deur
la porte
de prullenbak
la poubelle
de brievenbus
la boîte aux lettres
de tuin
le jardin

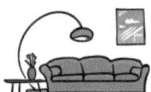

de woonkamer

le salon

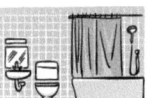

de badkamer

la salle de bain

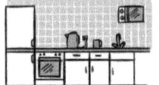

de keuken

la cuisine

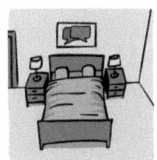

de slaapkamer

la chambre à coucher

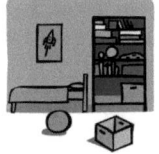

de kinderkamer

la chambre d'enfant

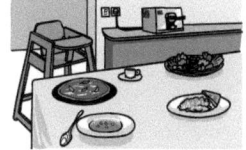

de eetkamer

la salle à manger

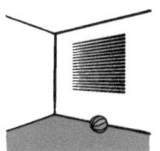

de vloer
le sol

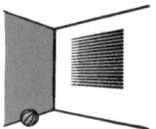

de muur
le mur

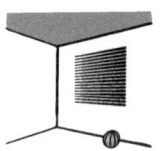

het plafond
le plafond

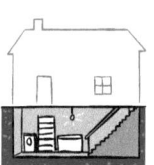

de kelder
la cave

de sauna
le sauna

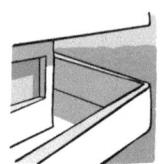

het balkon
le balcon

het terras
la terrasse

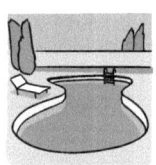

het zwembad
la piscine

de grasmaaier
la tondeuse à gazon

het laken
la housse

de bedsprei
la couette

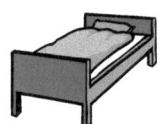

het bed
le lit

de bezem
le balai

de emmer
le sceau

de schakelaar
l'interrupteur

de woonkamer

le salon

het behang
le papier peint
de foto
l'image
de lamp
la lampe
de plank
l'étagère
de kast
l'armoire
de televisie
la télé
de open haard
la cheminée
de bloem
la fleur
het kussen
le coussin
het bankstel
le sofa
de vaas
le vase
de afstandsbediening
la télécommande

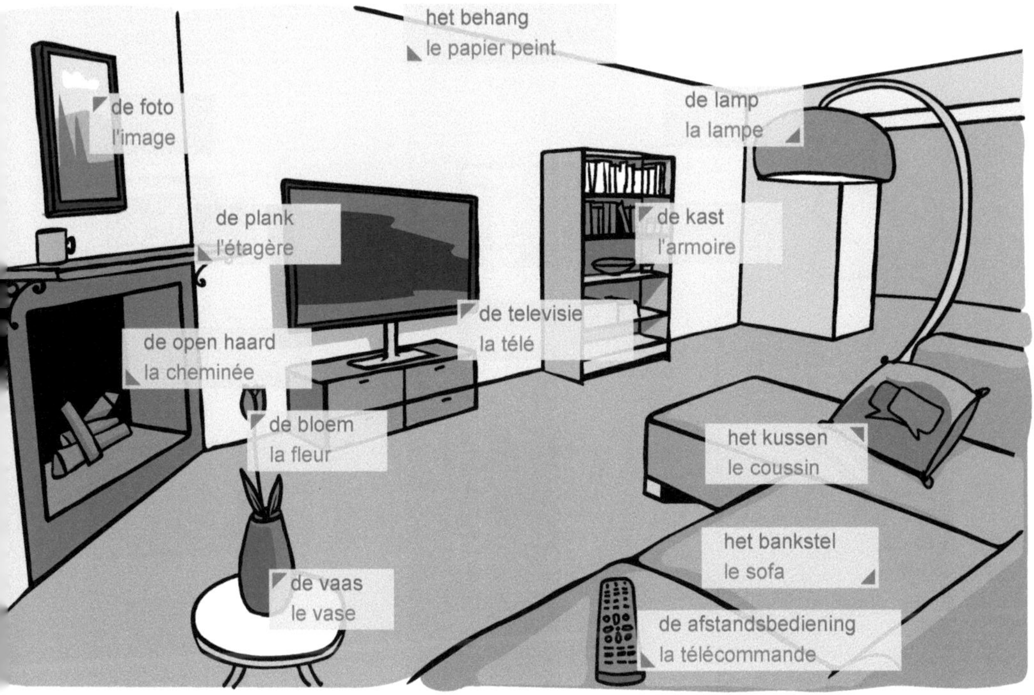

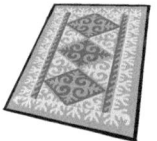

het tapijt

le tapis

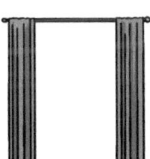

het gordijn

le rideau

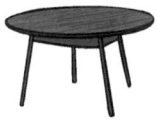

de tafel

la table

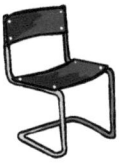

de stoel

la chaise

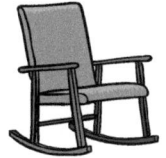

de schommelstoel

la chaise à bascule

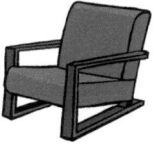

de stoel

le fauteuil

het boek

le livre

de deken

la couverture

de decoratie

la décoration

het brandhout

le bois de chauffage

de film

le film

de stereo-installatie

la chaîne hi-fi

de sleutel

la clé

de krant

le journal

het schilderij

la peinture

de poster

le poster

de radio

la radio

het kladblok

le bloc-notes

de stofzuiger

l'aspirateur

de cactus

le cactus

de kaars

la bougie

de keuken
la cuisine

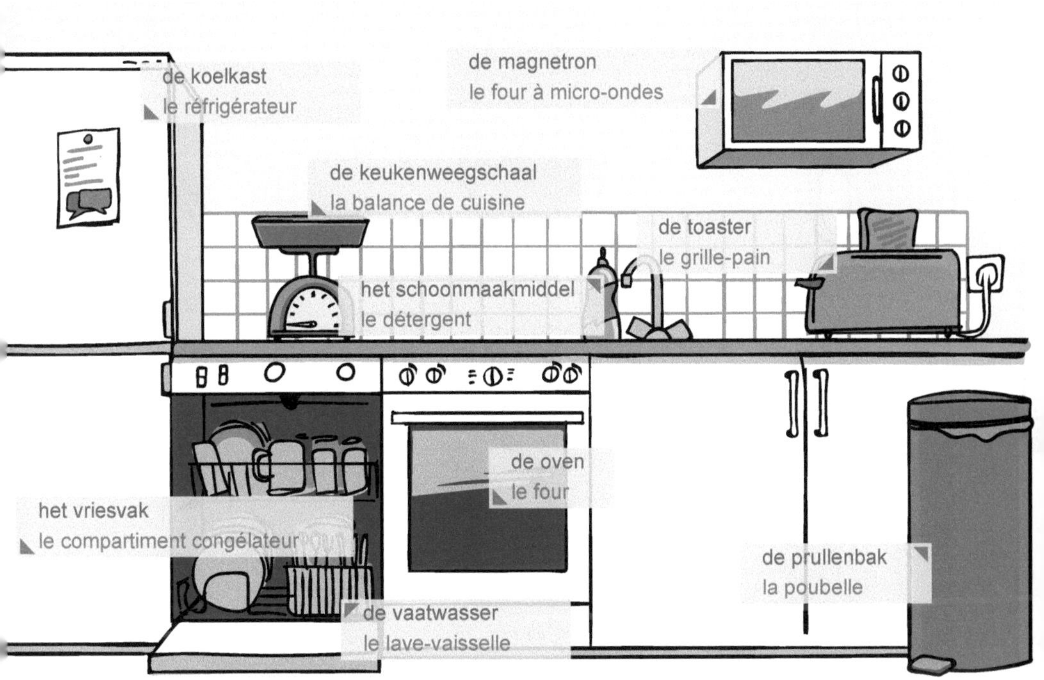
de koelkast
le réfrigérateur
de magnetron
le four à micro-ondes
de keukenweegschaal
la balance de cuisine
de toaster
le grille-pain
het schoonmaakmiddel
le détergent
de oven
le four
het vriesvak
le compartiment congélateur
de prullenbak
la poubelle
de vaatwasser
le lave-vaisselle

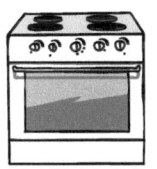

het fornuis

....

le four

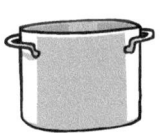

de pan

....

la casserole

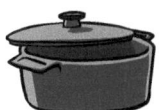

de gietijzeren pan

....

la marmite

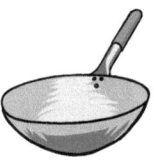

de wok / kadai

....

le wok / kadai

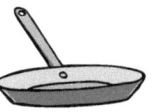

de koekenpan

....

la poêle

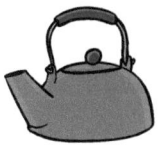

de ketel

....

la bouilloire electrique

de stoomkoker

le cuiseur vapeur

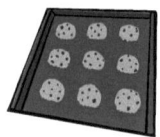

de bakplaat

la plaque de cuisson

het servies

la vaisselle

de beker

le gobelet

de kom

la coupe

de eetstokjes

les baguettes

de soeplepel

la louche

de spatel

la spatule

de garde

le fouet

het vergiet

la passoire

de zeef

le tamis

de rasp

la râpe

de vijzel

le mortier

de barbecue

le barbecue

de vuurhaard

la cheminée

de snijplank

la planche à découper

de deegroller

le rouleau à pâtisserie

de kurkentrekker

le tire-bouchon

het blik

la boîte

de blikopener

l'ouvre-boîte

de pannenlap

les maniques

de wasbak

le lavabo

de borstel

la brosse

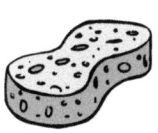

de spons

l'éponge

de blender

le mixeur

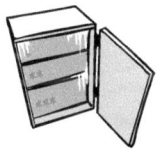

de vriezer

le congélateur

het babyflesje

le biberon

de kraan

le robinet

de keuken - la cuisine

de badkamer
la salle de bain

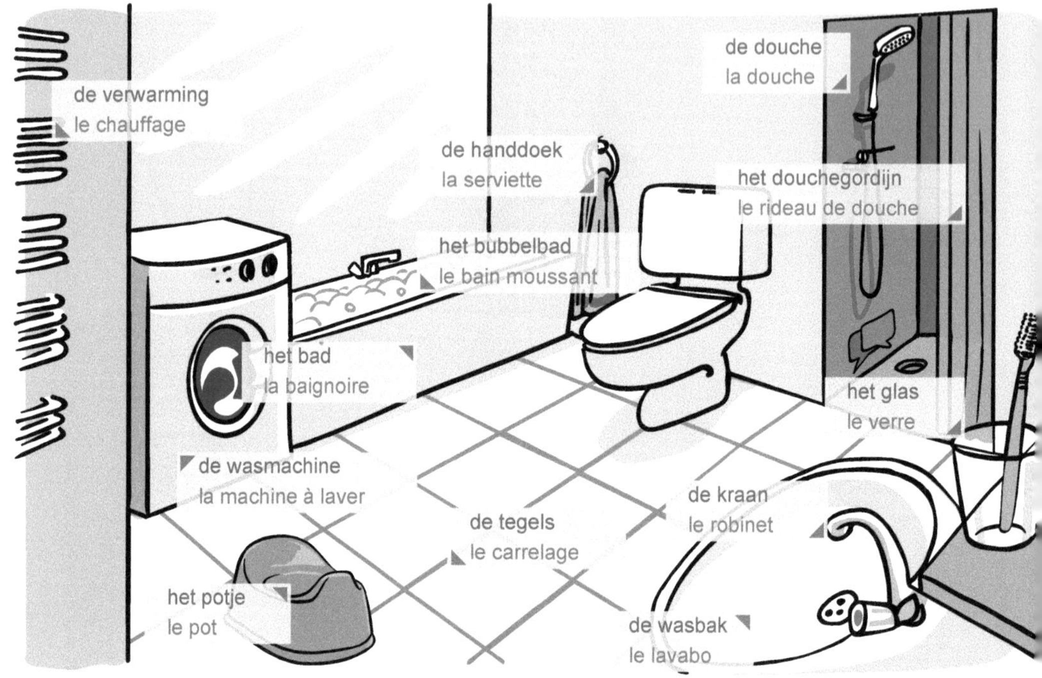

de douche
la douche

de verwarming
le chauffage

de handdoek
la serviette

het douchegordijn
le rideau de douche

het bubbelbad
le bain moussant

het bad
la baignoire

het glas
le verre

de wasmachine
la machine à laver

de kraan
le robinet

de tegels
le carrelage

het potje
le pot

de wasbak
le lavabo

het toilet

les toilettes

het hurktoilet

la toilette à la turque

de/het bidet

le bidet

het urinoir

l'urinoir

het toiletpapier

le papier toilette

de toiletborstel

la brosse à toilette

de tandenborstel
la brosse à dents

de tandpasta
le dentifrice

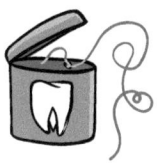

het flosdraad
le fil dentaire

wassen
laver

de handdouche
la douche manuelle

de toiletdouche
la douche intime

de waskom
la vasque

de rugborstel
la brosse dorsale

de zeep
le savon

de douchegel
le gel douche

de shampoo
le shampooing

het washandje
le gant de toilette

de afvoer
l'écoulement

de creme
la crème

de deodorant
le déodorant

de spiegel

le miroir

de make-upspiegel

le miroir cosmétique

het scheermes

le rasoir

het scheerschuim

la mousse à raser

de aftershave

l'après-rasage

de kam

la peigne

de borstel

la brosse

de haardroger

le sèche-cheveux

de haarspray

la laque pour cheveux

de make-up

le fond de teint

de lippenstift

le rouge à lèvres

de nagellak

le vernis à ongles

de watten

l'ouate

het nagelschaartje

le coupe-ongles

de/het parfum

le parfum

de toilettas

la trousse de toilette

de kruk

le tabouret

de weegschaal

le pèse-personne

de badjas

le peignoir

de rubber handschoenen

les gants de nettoyage

de tampon

le tampon

het maandverband

les serviettes hygiéniques

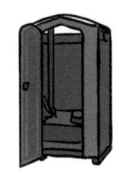

het chemisch toilet

la toilette chimique

de kinderkamer
la chambre d'enfant

de wekker
le réveil
het knuffeldier
le doudou
de speelgoedauto
la voiture jouet
de rammelaar
le hochet
het poppenhuis
la maison de poupée
het cadeau
le cadeau

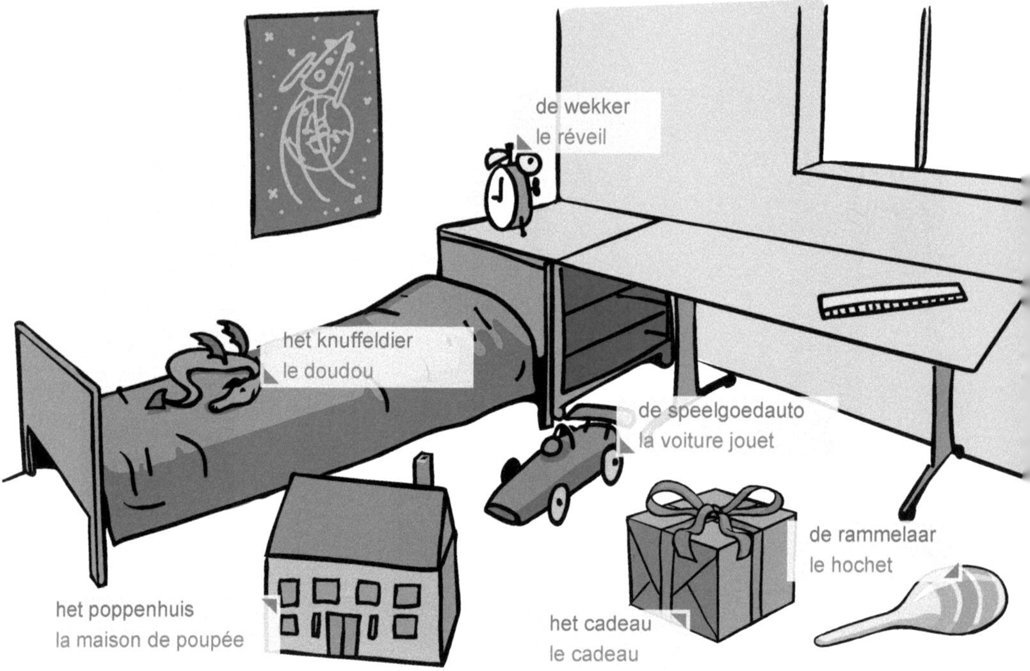

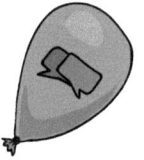

de ballon

le ballon

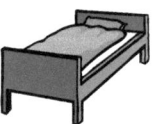

het bed

le lit

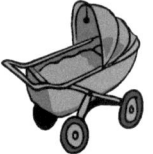

de kinderwagen

la poussette

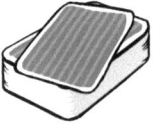

het kaartspel

le jeu de cartes

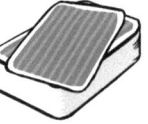

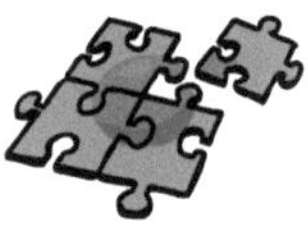

de puzzel

le puzzle

SUPER MEGA

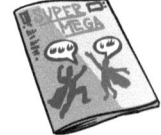

het stripverhaal

la bande dessinée

de legostenen

les pièces lego

de speelgoedblokken

les blocs de construction

het actiefiguurtje

la figurine

de romper

la grenouillère

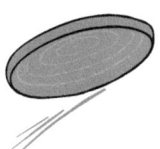

de frisbee

le frisbee

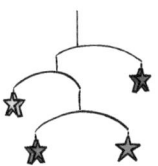

de/het mobile

le mobile

het bordspel

le jeu de société

de dobbelsteen

le dé

de modeltrein

le train miniature

de speen

la sucette

het feestje

la fête

het prentenboek

le livre d'images

de bal

la balle

de pop

la poupée

spelen

jouer

de zandbak

le bac à sable

de schommel

la balançoire

het speelgoed

les jouets

de spelcomputer

la console de jeu

de driewieler

le tricycle

de teddybeer

l'ours en peluche

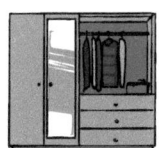

de kleerkast

l'armoire

de kleding
les vêtements

de sokken

les chaussettes

de kousen

les bas

de panty

le collant

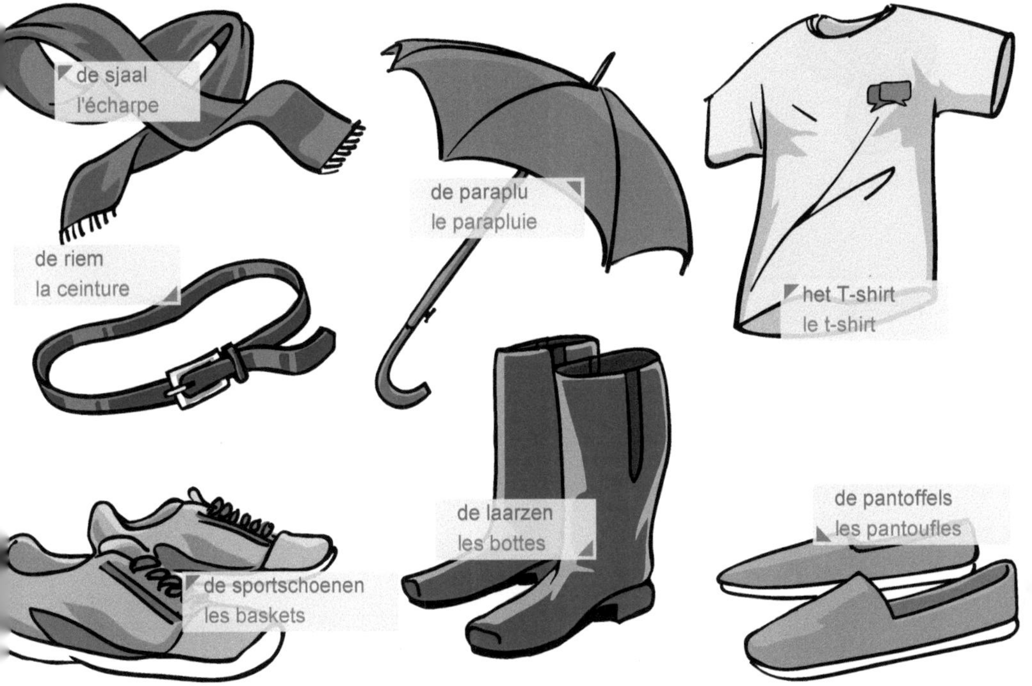

de sjaal
l'écharpe

de paraplu
le parapluie

het T-shirt
le t-shirt

de riem
la ceinture

de laarzen
les bottes

de pantoffels
les pantoufles

de sportschoenen
les baskets

de sandalen
les sandales

de schoenen
les chaussures

de rubberlaarzen
les bottes de caoutchouc

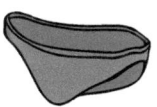

de onderbroek
les sous-vêtements

de beha
le soutien-gorge

het onderhemd
le maillot de corps

de kleding - les vêtements

de body
le body

de broek
le pantalon

de spijkerbroek
le jean

de rok
la jupe

de blouse
le chemisier

het overhemd
la chemise

de trui
le pull

de hoody
le sweat à capuche

de blazer
la veste

de jas
la veste

de mantel
le manteau

de regenjas
l'imperméable

het kostuum
le costume

de jurk
la robe

de trouwjurk
la robe de mariée

het pak

le costume

het nachthemd

la chemise de nuit

de pyjama

le pyjama

de sari

le sari

de hoofddoek

le foulard

de tulband

le turban

de boerka

la burqa

de kaftan

le caftan

de abaja

l'abaya

het zwempak

le maillot de bain

de zwembroek

le maillot de bain

de korte broek

le short

het trainingspak

la tenue d'entraînement

de/het schort

le tablier

de handschoenen

les gants

de knoop
le bouton

de bril
les lunettes

de armband
le bracelet

de ketting
le collier

de ring
la bague

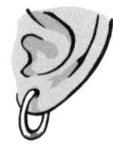

de oorbel
la boucle d'oreille

de pet
le bonnet

de kledinghanger
le cintre

de hoed
le chapeau

de stropdas
la cravate

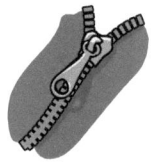

de rits
la fermeture éclair

de helm
le casque

de bretels
les bretelles

het schooluniform
l'uniforme scolaire

het uniform
l'uniforme

het slabbetje
le bavoir

de speen
la sucette

de luier
la lange

het kantoor
le bureau

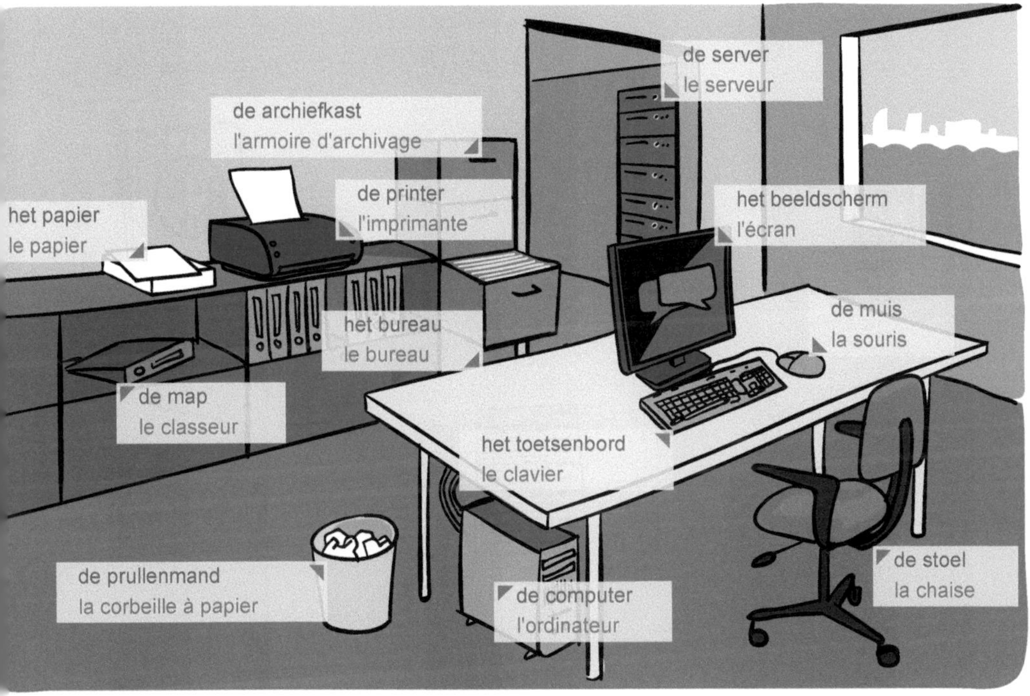

de server
le serveur

de archiefkast
l'armoire d'archivage

het papier
le papier

de printer
l'imprimante

het beeldscherm
l'écran

het bureau
le bureau

de muis
la souris

de map
le classeur

het toetsenbord
le clavier

de prullenmand
la corbeille à papier

de computer
l'ordinateur

de stoel
la chaise

de koffiemok
la tasse de café

de rekenmachine
la calculatrice

het internet
l'internet

de laptop

l'ordinateur portable

de brief

la lettre

het bericht

le message

de mobiele telefoon

le portable

het netwerk

le réseau

de kopieermachine

la photocopieuse

de software

le logiciel

de telefoon

le téléphone

het stopcontact

la prise

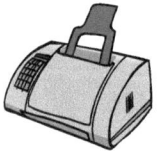

de fax

le fax

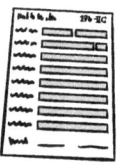

het formulier

le formulaire

het document

le document

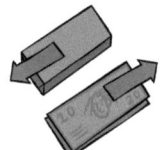

kopen
....
acheter

betalen
....
payer

handel drijven
....
faire du commerce

het geld
....
la monnaie

de dollar
....
le dollar

de euro
....
l'euro

de yen
....
le yen

de roebel
....
le rouble

de Zwitserse frank
....
le franc suisse

de renminbi yuan
....
le renminbi yuan

de roepie
....
la roupie

de geldautomaat
....
le distributeur automatique

het wisselkantoor

le bureau de change

het goud

l'or

het zilver

l'argent

de olie

le pétrole

de energie

l'énergie

de prijs

le prix

het contract

le contrat

de belasting

la taxe

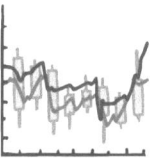

het aandeel

l'action

werken

travailler

de werknemer

l'employé

de werkgever

l'employeur

de fabriek

l'usine

de winkel

le magasin

de beroepen
les professions

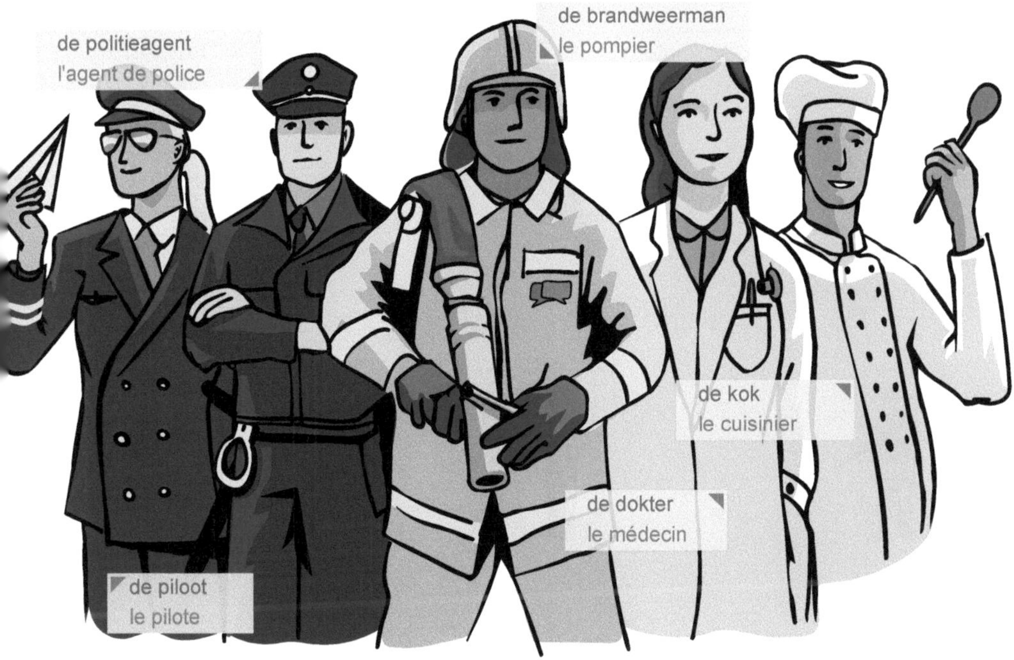

de politieagent
l'agent de police
de brandweerman
le pompier
de kok
le cuisinier
de dokter
le médecin
de piloot
le pilote

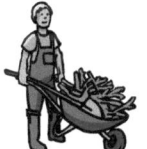

de tuinman

le jardinier

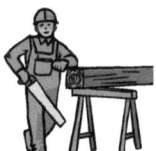

de timmerman

le menuisier

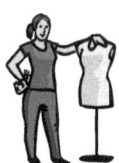

de naaister

la couturière

de rechter

le juge

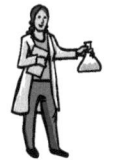

de scheikundige

le chimiste

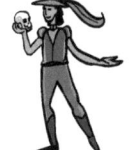

de toneelspeler

l'acteur

de buschauffeur

le conducteur de bus

de taxichauffeur

le chauffeur de taxi

de visser

le pêcheur

de schoonmaakster

la femme de ménage

de dakdekker

le couvreur

de ober

le serveur

de jager

le chasseur

de schilder

le peintre

de bakker

le boulanger

de elektricien

l'électricien

de bouwvakker

l'ouvrier

de ingenieur

l'ingénieur

de slager

le boucher

de loodgieter

le plombier

de postbode

le facteur

de soldaat

le soldat

de architect

l'architecte

de kassier

le caissier

de bloemist

le fleuriste

de kapper

le coiffeur

de conducteur

le contrôleur

de monteur

le mécanicien

de kapitein

le capitaine

de tandarts

le dentiste

de wetenschapper

le scientifique

de rabbi

le rabbin

de imam

l'imam

de monnik

le moine

de pastoor

le prêtre

het gereedschap
les outils

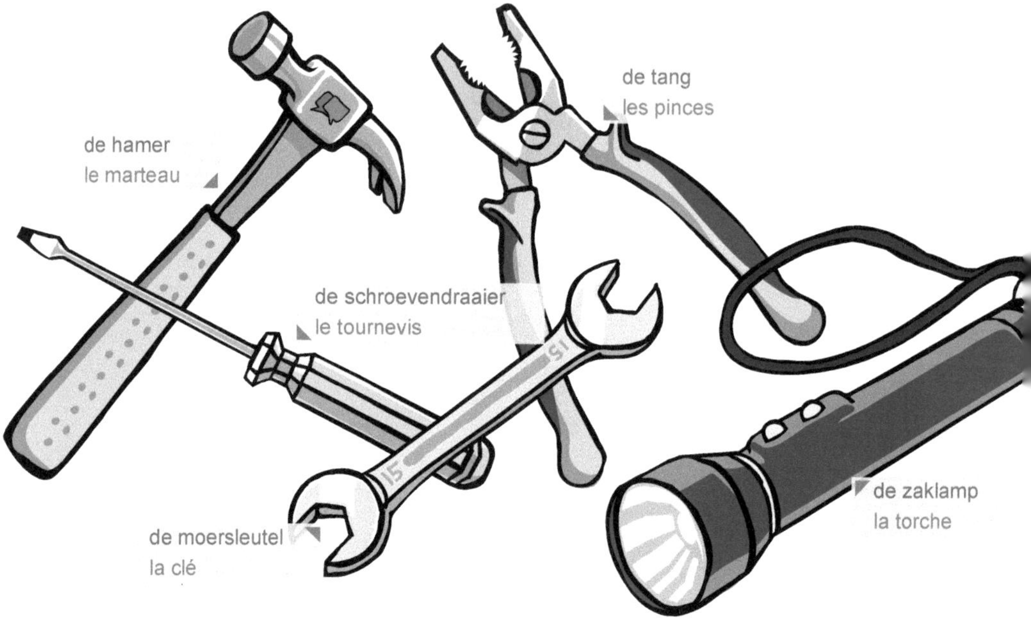

de hamer
le marteau
de tang
les pinces
de schroevendraaier
le tournevis
de moersleutel
la clé
de zaklamp
la torche

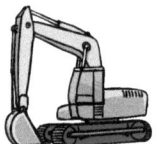

de graafmachine

la pelleteuse

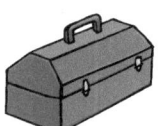

de gereedschapskist

la boîte à outils

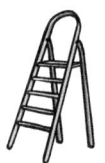

de ladder

l'échelle

de zaag

la scie

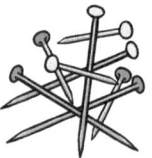

de spijkers

les clous

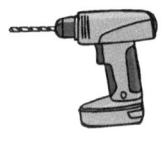

de boor

la perceuse

repareren
réparer

de schep
la pelle

Verdorie!
Mince !

het stofblik
la pelle

de verfpot
le pot de peinture

de schroeven
les vis

de muziekinstrumenten
les instruments de musique

de luidspreker
le haut-parleurs

het drumstel
la batterie

de gitaar
la guitare

de contrabas
la contrebasse

de trompet
la trompette

de piano

le piano

de viool

le violon

de bas

la basse

de pauk

les timbales

de trommel

le tambour

het keyboard

le piano électrique

de saxofoon

le saxophone

de fluit

la flûte

de microfoon

le microphone

de dierentuin
le zoo

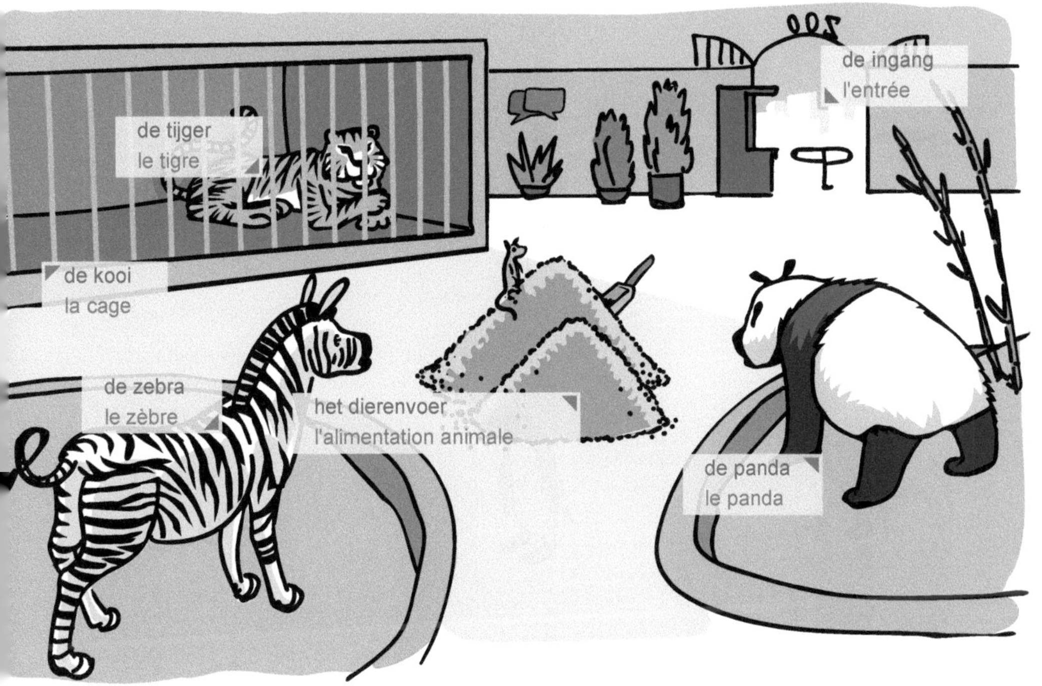
de ingang
l'entrée
de tijger
le tigre
de kooi
la cage
de zebra
le zèbre
het dierenvoer
l'alimentation animale
de panda
le panda

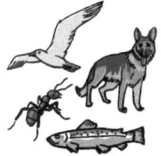

de dieren

les animaux

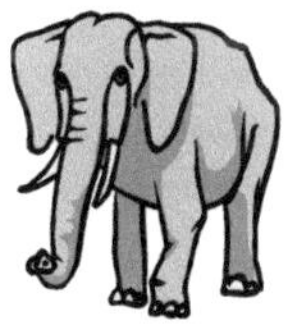

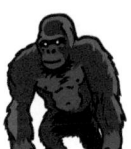

de olifant

l'éléphant

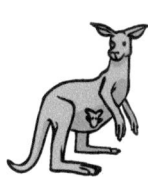

de kangoeroe

le kangourou

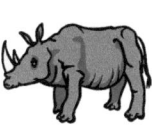

de neushoorn

le rhinocéros

de gorilla

le gorille

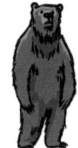

de beer

l'ours

de kameel

le chameau

de struisvogel

l'autruche

de leeuw

le lion

de aap

le singe

de flamingo

le flamand rose

de papegaai

le perroquet

de ijsbeer

l'ours polaire

de pinguïn

le pingouin

de haai

le requin

de pauw

le paon

de slang

le serpent

de krokodil

le crocodile

de dierenverzorger

le gardien de zoo

de zeehond

le phoque

de jaguar

le jaguar

de pony

le poney

de/het luipaard

le léopard

het nijlpaard

l'hippopotame

de giraffe

la girafe

de adelaar

l'aigle

het wild zwijn

le sanglier

de vis

le poisson

de schildpad

la tortue

de walrus

le morse

de vos

le renard

de gazelle

la gazelle

American football
l'american Football

wielrennen
le cyclisme

tennis
le tennis

basketbal
le basket-ball

zwemmen
la natation

boksen
la boxe

ijshockey
le hockey sur glace

voetbal
le football

badminton
le badminton

atletiek
l'athlétisme

handbal
le handball

skiën
le ski

polo
le polo

springen
sauter

lachen
rire

knuffelen
embrasser

lopen
marcher

zingen
chanter

bidden
prier

kussen
faire la bise

dromen
rêver

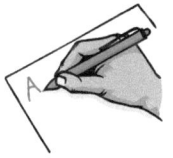

schrijven
écrire

tekenen
dessiner

tonen
montrer

duwen
pousser

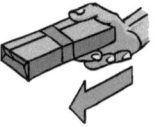

geven
donner

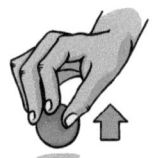

oppakken
prendre

hebben
avoir

doen
faire

zijn
être

staan
être debout

rennen
courir

trekken
trier

gooien
jeter

vallen
tomber

liggen
être couché

wachten
attendre

dragen
porter

zitten
être assis

aankleden
s'habiller

slapen
dormir

wakker worden
se réveiller

bekijken

regarder

huilen

pleurer

strelen

caresser

kammen

peigner

praten

parler

begrijpen

comprendre

vragen

demander

horen

écouter

drinken

boire

eten

manger

opruimen

ranger

houden van

aimer

koken

cuire

rijden

conduire

vliegen

voler

zeilen

faire de la voile

rekenen

calculer

lezen

lire

leren

apprendre

werken

travailler

trouwen

se marier

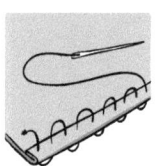

naaien

coudre

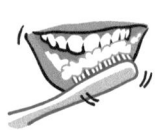

tandenpoetsen

brosser les dents

doden

tuer

roken

fumer

verzenden

envoyer

de familie
la famille

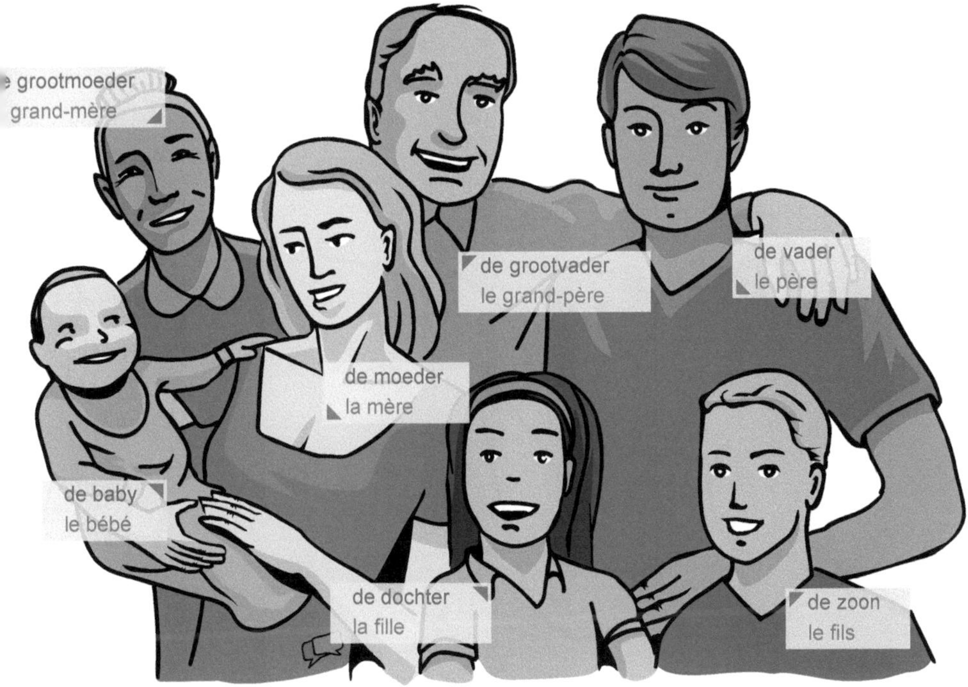
grootmoeder
grand-mère
de grootvader
le grand-père
de vader
le père
de moeder
la mère
de baby
le bébé
de dochter
la fille
de zoon
le fils

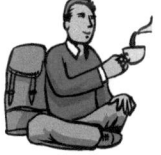

de gast
l'hôte

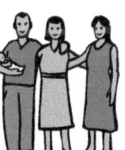

de tante
la tante

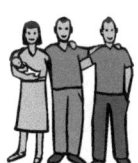

de oom
l'oncle

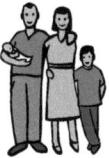

de broer
le frère

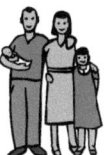

de zus
la sœur

het lichaam

le corps

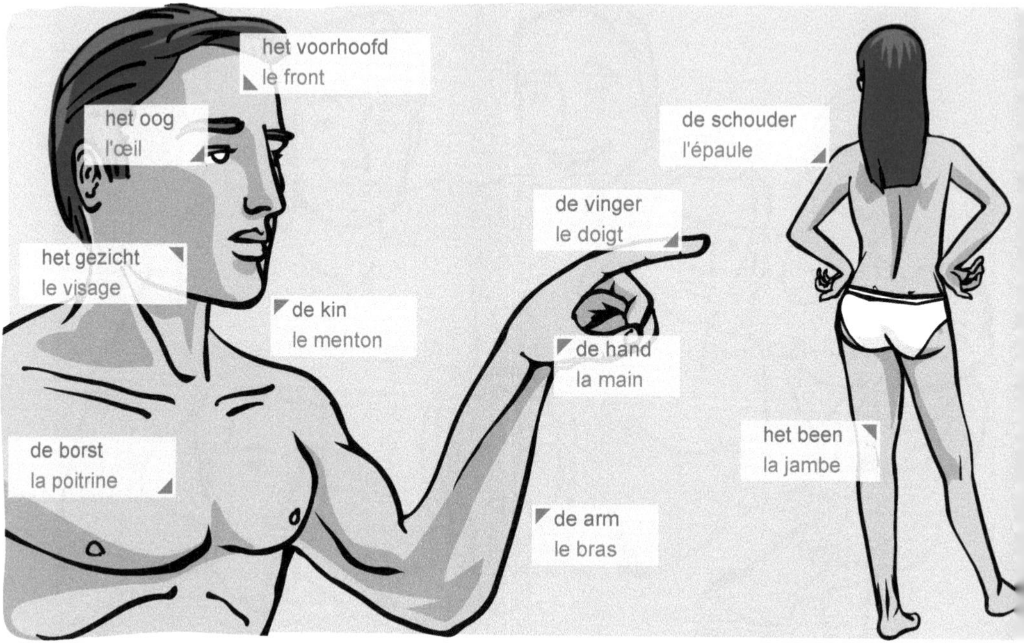

het voorhoofd
le front

het oog
l'œil

de schouder
l'épaule

de vinger
le doigt

het gezicht
le visage

de kin
le menton

de hand
la main

de borst
la poitrine

het been
la jambe

de arm
le bras

de baby

le bébé

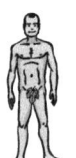

de man

l'homme

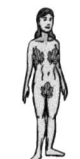

de vrouw

la femme

het meisje

la fille

de jongen

le garçon

het hoofd

la tête

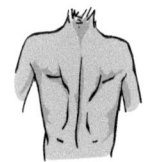

de rug

le dos

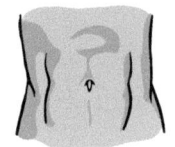

de buik

le ventre

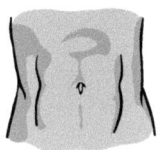

de navel

le nombril

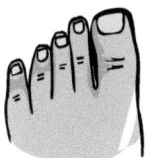

de teen

l'orteil

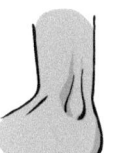

de hiel

le talon

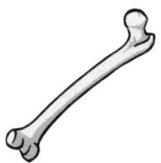

het bot

l'os

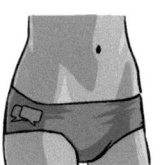

de heup

la hanche

de knie

le genou

de elleboog

le coude

de neus

le nez

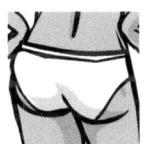

het achterwerk

les fesses

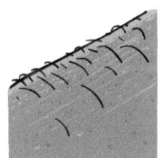

de huid

la peau

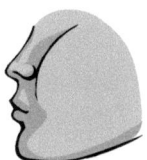

de wang

la joue

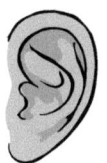

het oor

l'oreille

de lippen

la lèvre

de mond
la bouche

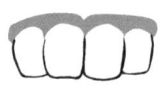

de tand
la dent

de tong
la langue

de hersenen
le cerveau

het hart
le cœur

de spier
le muscle

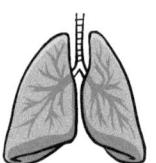

de long
les poumons

de lever
le foie

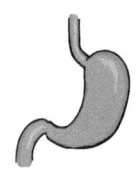

de maag
l'estomac

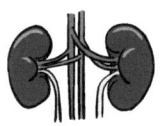

de nieren
les reins

de geslachtsgemeenschap
le rapport sexuel

het condoom
le préservatif

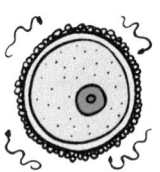

de eicel
l'ovule

het sperma
le sperme

de zwangerschap
la grossesse

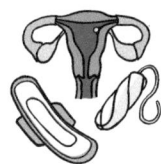

de menstruatie

la menstruation

de vagina

le vagin

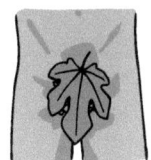

de penis

le pénis

de wenkbrauw

le sourcil

het haar

les cheveux

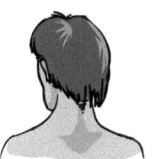

de hals

le cou

het ziekenhuis
l'hôpital

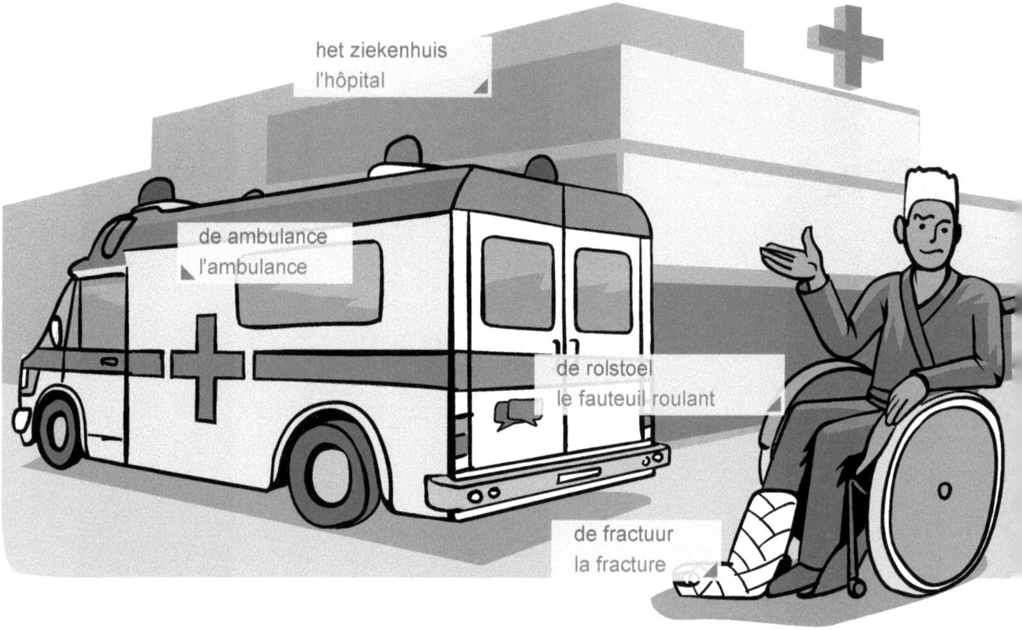

het ziekenhuis
l'hôpital
de ambulance
l'ambulance
de rolstoel
le fauteuil roulant
de fractuur
la fracture

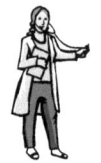

de dokter

le médecin

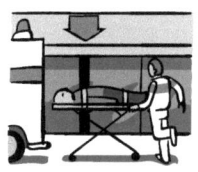

de EHBO

le service des urgences

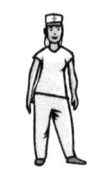

de verpleegster

l'infirmière

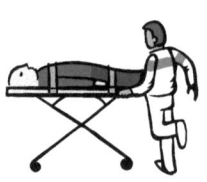

het noodgeval

l'urgence

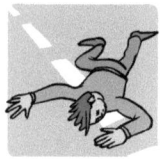

bewusteloos

inconscient

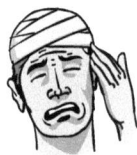

de pijn

la douleur

de verwonding
la blessure

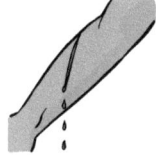

de bloeding
l'hémorragie

de hartaanval
la crise cardiaque

de beroerte
l'attaque cérébrale

de allergie
l'allergie

de hoest
la toux

de koorts
la fièvre

de griep
la grippe

de diarree
la diarrhée

de hoofdpijn
le mal de tête

de kanker
le cancer

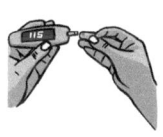

de diabetes
le diabète

de chirurg
le chirurgien

het scalpel
le scalpel

de operatie
l'opération

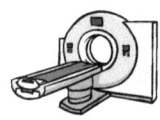

de CT
le CT

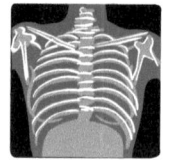

de röntgen
la radiographie

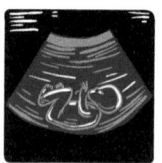

de echografie
l'échographie

het gezichtsmasker
le masque

de ziekte
la maladie

de wachtkamer
la salle d'attente

de kruk
la béquille

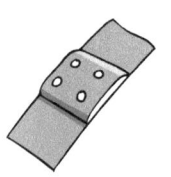

de pleister
le pansement

het verband
le pansement

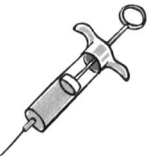

de injectie
l'injection

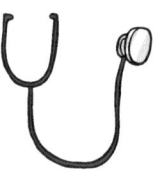

de stethoscoop
le stéthoscope

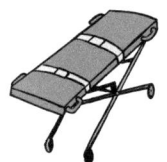

de brancard
le brancard

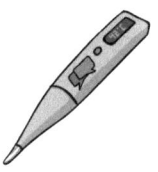

de thermometer
le thermomètre

de geboorte
l'accouchement

het overgewicht
la surcharge pondérale

het gehoorapparaat

l'appareil auditif

het ontsmettingsmiddel

le désinfectant

de infectie

l'infection

het virus

le virus

(de) HIV / AIDS

le VIH / le sida

het medicijn

le médicament

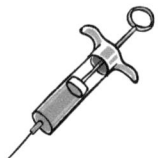

de inenting

la vaccination

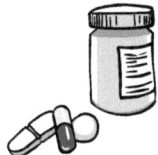

de tabletten

les comprimés

de pil

la pilule

het alarmnummer

l'appel d'urgence

de bloeddrukmeter

le tensiomètre

ziek / gezond

malade / sain

Help!

Au secours !

het alarm

l'alarme

de overval

l'assaut

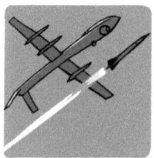

de aanval

l'attaque

het gevaar

le danger

de nooduitgang

la sortie de secours

Brand!

Au feu!

de brandblusser

l'extincteur

het ongeluk

l'accident

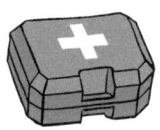

de EHBO-koffer

la trousse de premier
secours

SOS

SOS

de politie

la police

Europa

l'Europe

Noord-Amerika

l'Amérique du Nord

Zuid-Amerika

l'Amérique du Sud

Afrika

l'Afrique

Azië

l'Asie

Australië

l'Australie

de Atlantische Oceaan

l'Océan atlantique

de Stille Oceaan

l'Océan pacifique

de Indische Oceaan

l'Océan indien

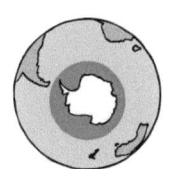

de Zuidelijke Oceaan

l'Océan antarctique

de Noordelijke IJszee

l'Océan arctique

de Noordpool

le Pôle nord

de Zuidpool

le Pôle sud

Antarctica

l'Antarctique

de aarde

la terre

het land

le pays

de zee

la mer

het eiland

l'île

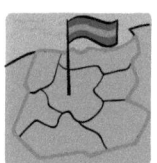

de natie

la nation

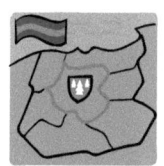

de staat

l'état

de wijzerplaat

le cadran

de uurwijzer

l'aiguille des heures

de minutenwijzer

l'aiguille des minutes

de secondewijzer

l'aiguille des secondes

Hoe laat is het?

Quelle heure est-il ?

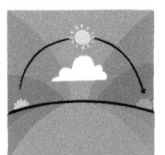

de dag

le jour

de tijd

le temps

nu

maintenant

het digitaal horloge

la montre digitale

de minuut

la minute

het uur

l'heure

de week
la semaine

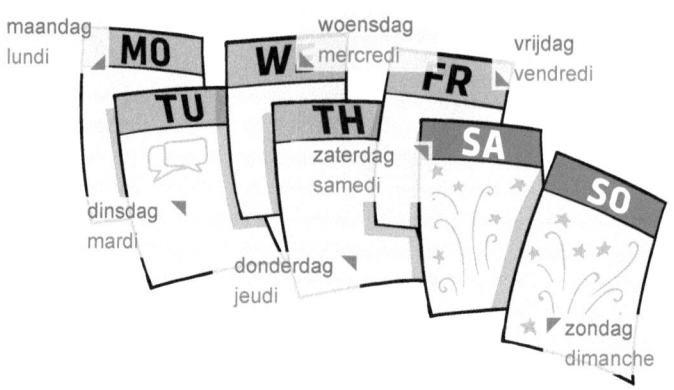

maandag / lundi
woensdag / mercredi
vrijdag / vendredi
dinsdag / mardi
zaterdag / samedi
donderdag / jeudi
zondag / dimanche

gisteren
hier

vandaag
aujourd'hui

morgen
demain

de ochtend
le matin

de middag
le midi

de avond
le soir

de werkdagen
les jours ouvrables

het weekend
le week-end

het jaar
l'année

de regen
la pluie
de regenboog
l'arc-en-ciel
de sneeuw
la neige
de wind
le vent
het voorjaar
le printemps
de herfst
l'automne
de zomer
l'été
de winter
l'hiver

4.APRIL 11°
5.APRIL 4°
6.APRIL 13°
7.APRIL 8°
8.APRIL 10°

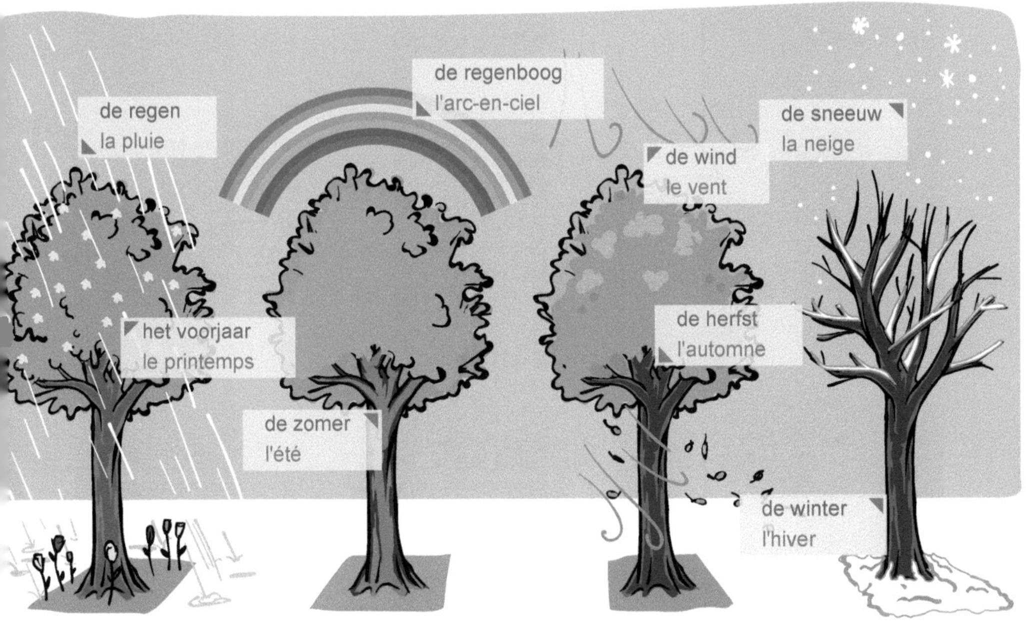

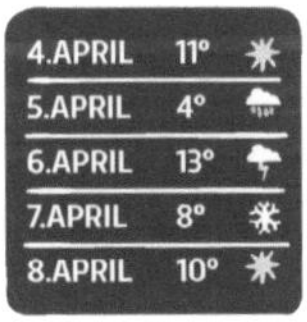

het weerbericht
....
la météo

F
C
120
90
60
30
0
-30
40
30
20
10
0
-10
-20

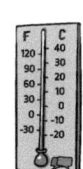

de thermometer
....
le thermomètre

de zonneschijn
....
la lumière du soleil

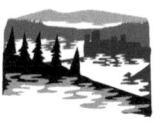

de wolk
....
le nuage

de mist
....
le brouillard

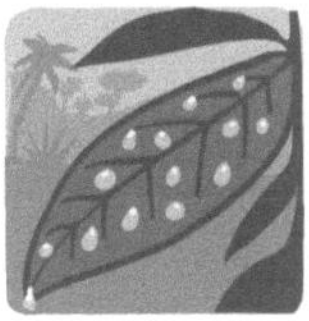

de luchtvochtigheid
....
l'humidité

de bliksem

la foudre

de donder

la tonnerre

de storm

la tempête

de hagel

la grêle

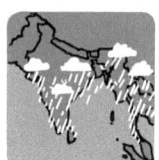

de moesson

la mousson

de overstroming

l'inondation

het ijs

la glace

januari

janvier

februari

février

maart

mars

april

avril

mei

mai

juni

juin

juli

juillet

augustus

août

september
septembre

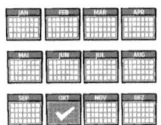

oktober
octobre

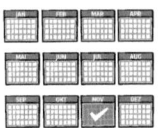

november
novembre

december
décembre

de vormen
les formes

de cirkel
le cercle

het vierkant
le carré

de rechthoek
le rectangle

de driehoek
le triangle

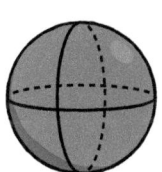

de bol
la sphère

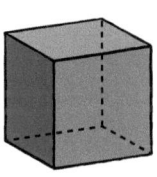

de kubus
le cube

wit
blanc

geel
jaune

oranje
orange

roze
rose

rood
rouge

paars
violet

blauw
bleu

groen
vert

bruin
marron

grijs
gris

zwart
noir

veel / weinig

beaucoup / peu

boos / rustig

fâché / calme

mooi / lelijk

joli / laid

begin / einde

le début / la fin

groot / klein

grand / petit

licht / donker

clair / obscure

broer / zus

frère / soeur

schoon / vies

propre / sale

volledig / onvolledig

complet / incomplet

dag/ nacht

le jour / la nuit

dood / levend

mort / vivant

breed / smal

large / étroit

eetbaar / oneetbaar

comestible / incomestible

gemeen / aardig

méchant / gentil

opgewonden / verveeld

excité / ennuyé

dik / dun

gros / mince

eerste / laatste

le premier / le dernier

vriend / vijand

l'ami / l'ennemi

vol / leeg

plein / vide

hard / zacht

dur / souple

zwaar / licht

lourd / léger

honger / dorst

faim / soif

ziek / gezond

malade / sain

illegaal / legaal

illégal / légal

intelligent / dom

intelligent / stupide

links / rechts

gauche / droite

dichtbij / ver

proche / loin

nieuw / gebruikt

nouveau / usé

niets / iets

rien / quelque chose

oud / jong

vieux / jeune

aan / uit

marche / arrêt

open / gesloten

ouvert / fermé

zacht / luid

faible / fort

rijk / arm

riche / pauvre

goed / fout

correct / incorrect

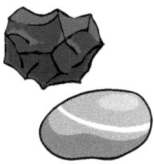

ruw / glad

rugueux / lisse

verdrietig / gelukkig

triste / heureux

kort / lang

court / long

langzaam / snel

lent / rapide

nat / droog

mouillé / sec

warm / koel

chaud / froid

oorlog / vrede

la guerre / la paix

0

nul

zéro

1

één

un / une

2

twee

deux

3

drie

trois

4

vier

quatre

5

vijf

cinq

6

zes

six

7

zeven

sept

8

acht

huit

9

negen

neuf

10

tien

dix

11

elf

onze

12
twaalf

douze

13
dertien

treize

14
veertien

quatorze

15
vijftien

quinze

16
zestien

seize

17
zeventien

dix-sept

18
achttien

dix-huit

19
negentien

dix-neuf

20
twintig

vingt

100
honderd

cent

1.000
duizend

mille

1.000.000
miljoen

le million

de getallen - les nombres

Engels

l'anglais

Amerikaans Engels

l'anglais américain

Chinees Mandarijn

le chinois mandarin

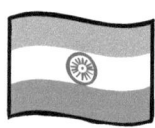

Hindi

le hindi

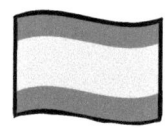

Spaans

l'espagnol

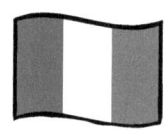

Frans

le français

Arabisch

l'arabe

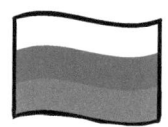

Russisch

le russe

Portugees

le portugais

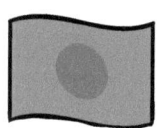

Bengalees

le bengali

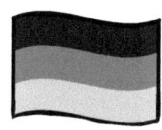

Duits

l'allemand

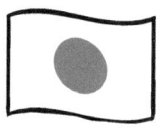

Japans

le japonais

ik
....
je

jij
....
tu

hij / zij / het
....
il / elle / ce, c', cela

wij
....
nous

jullie
....
vous

zij
....
ils / elles

wie?
....
Qui ?

wat?
....
Quoi ?

hoe?
....
Comment ?

waar?
....
Où ?

wanneer?
....
Quand ?

de naam
....
le nom

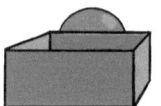

achter

derrière

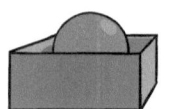

in

dans

voor

devant

boven

au-dessus

op

sur

onder

en-dessous

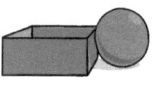

naast

à côté de

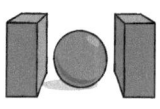

tussen

entre

plaats

le lieu